5021 6421204112

7047

672011262

704112

1214105

$$50+2+1+6+4+2+1+20+4+1+2$$

$$+$$

$$7+0+4+7$$

$$+$$

$$6+7+20+1+1+2-6+2$$

$$+$$

$$7+0+4+7+1+2$$

$$+$$

$$1+2+1+4+10+5$$

$$=$$

Pas besoin d'être forte en calcul...

170

... pour savoir que l'année prochaine...

... j'aurai un an de plus !...
et que je suis plus grande (et plus maline) que l'année dernière. C'est comme ça ! C'est pour tout le monde pareil : tout le monde grandit tout le temps ! On s'en aperçoit pas et ça fait pas mal du tout, mais à force... on devient grand. Moi, un jour, je serai aussi grande que ma mère...
Je serai une grande danseuse.

Et puis un jour, je me marierai.
Mais peut-être pas... On peut pas
savoir à l'avance ; personne ne sait
ce qui va arriver. Les grandes
personnes, elles savent pas tout...
C'est très mystérieux...
Tout peut arriver.

Même les choses les plus surprenantes !...
On a été sur la lune, alors hein... Tout est possible ! Dans le temps, les gens, ils n'avaient pas de voiture. Et même, avant, avant, avant, ils n'avaient pas de vélo... C'est connu ça. Tout le monde sait ça. C'est le Progrès Scientifique ! Si tu sais pas ce que c'est, t'as qu'à lire des livres. Moi, des livres, j'en ai lu deux. Et justement, le Progrès Scientifique, c'est tout expliqué dans celui que je viens de lire : tous les jours on fait des nouvelles découvertes ; et après, c'est plus comme avant ! Jamais !...
C'est ça le Progrès Scientifique

C'est comme ça que ça se passe
ici, sur la Terre. Tout change,
tout se transforme sans arrêt.

C’est comme ça sur la Terre et
aussi, je crois bien, dans tout
l’univers. Partout. C’est pour
tout le monde pareil.

Même pour les choses les plus petites.
Même les plus petites, petites, petites,
petites... Les plus microscopiques.

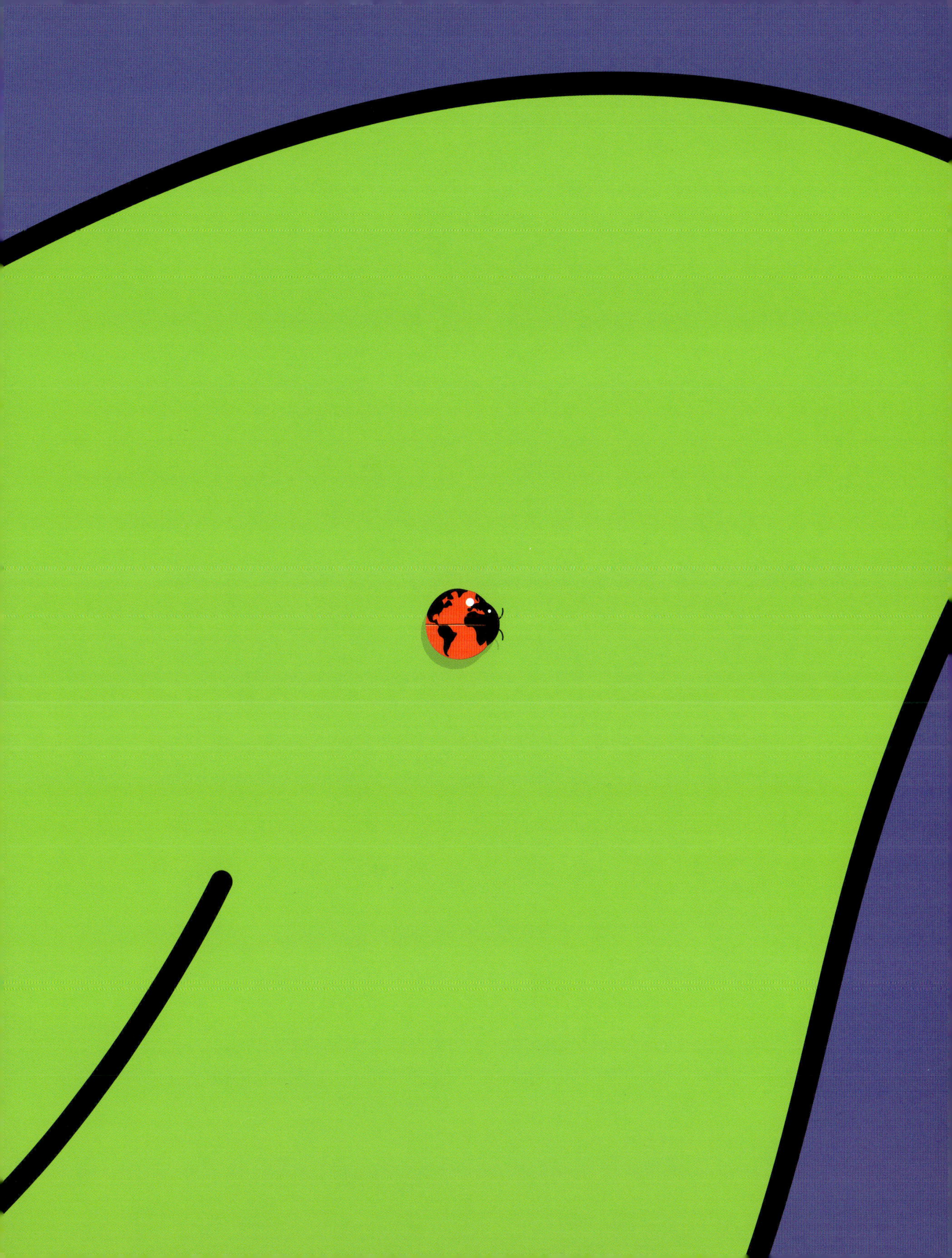

Tout le monde veut grandir et
pousser... Alors tout le monde mange
tout le monde !... Les insectes
mangent les plantes,

les oiseaux mangent les insectes,
et nous, on mange les oiseaux...
Nous on mange tout ! Les plantes,
les animaux et les bonbons.

Les bonbons, c'est ce que je préfère,
avec les fruits.

Les fruits, ça pousse aussi (les bonbons, je sais pas... J'ai jamais vu d'arbre à bonbons). Ça pousse grâce à l'eau qui tombe des nuages, grâce au vent qui les pousse... et grâce au soleil qui bouge tout le temps, lui aussi. Ça s'arrête jamais. Tout bouge dans tous les sens !... Le problème avec le soleil, c'est que quand il s'en va, on n'y voit plus rien

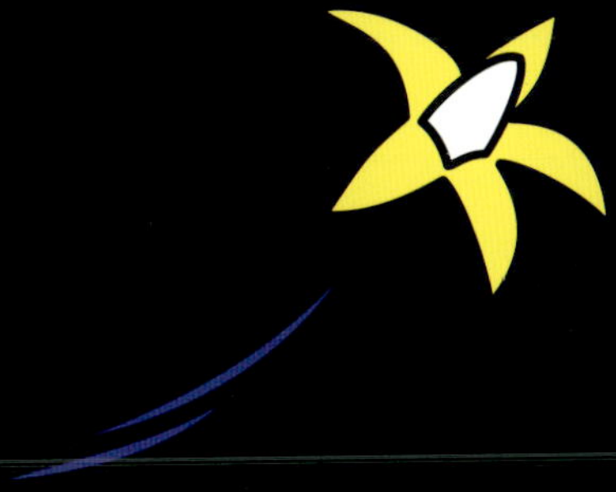

... C'est la nuit.

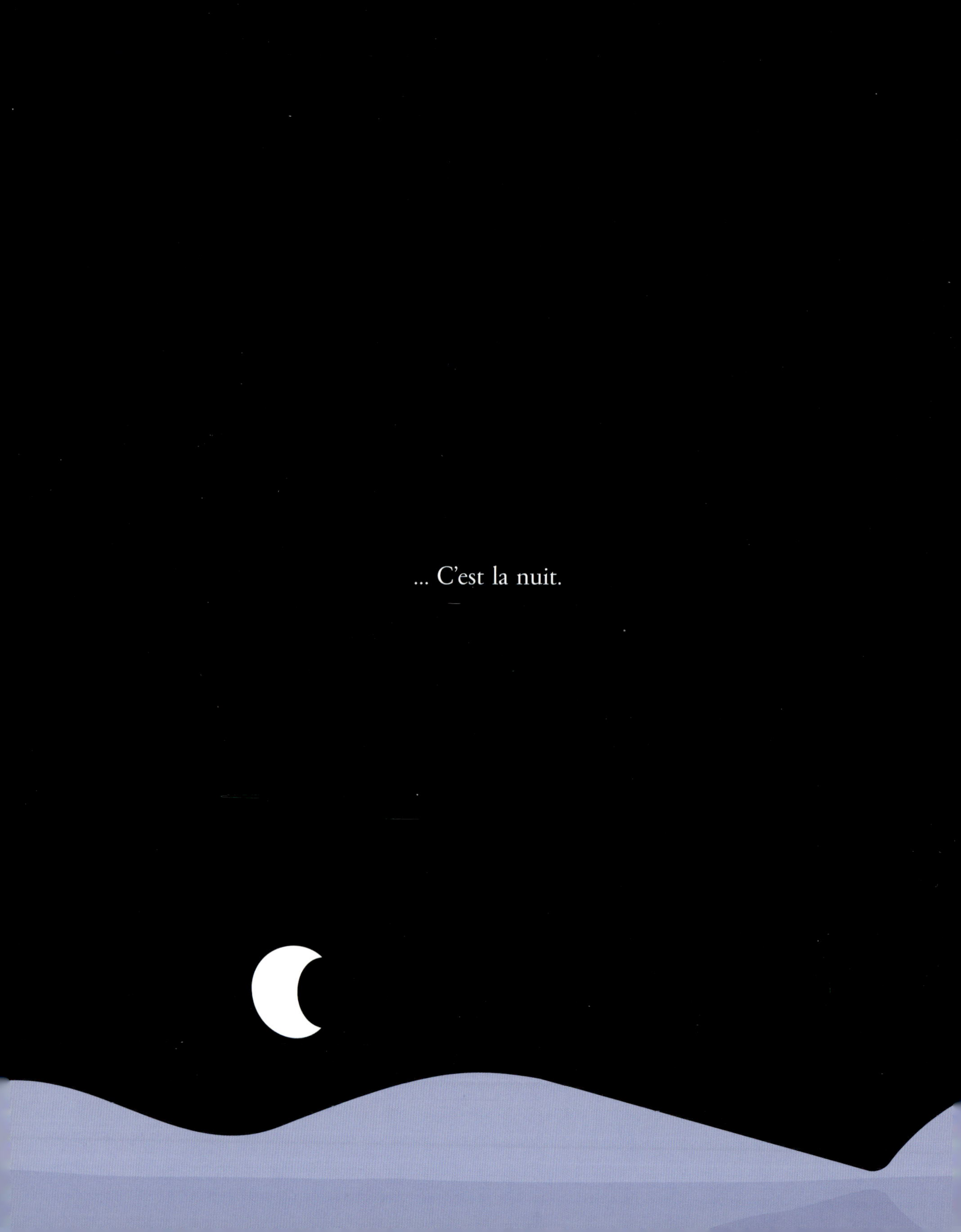

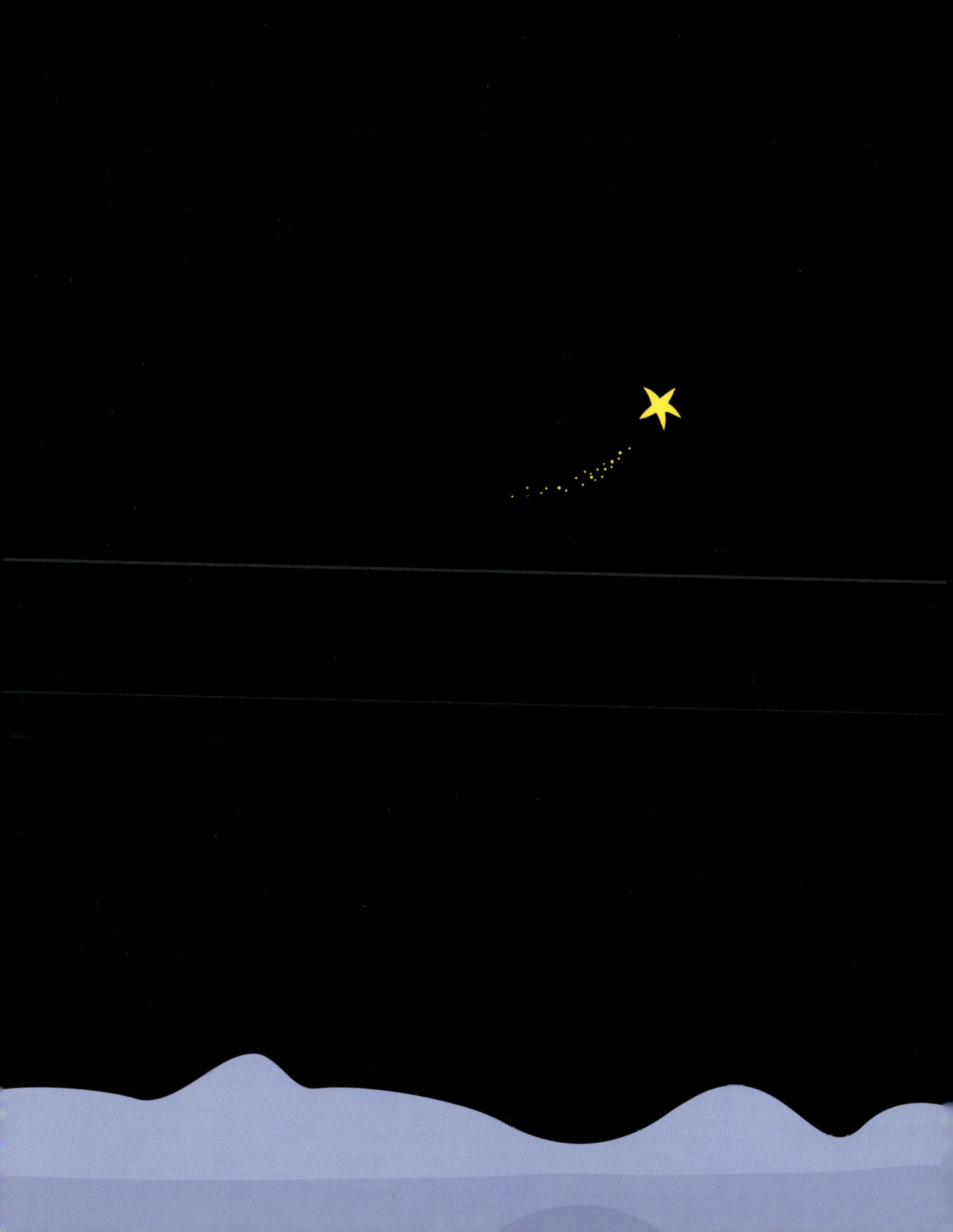

La nuit, les choses bougent moins. Tout le monde dort. Les animaux, les fleurs, les gens. Tout le monde... sauf moi. Ce soir, je n'arrive pas à m'endormir. Je réfléchis. J'aimerais bien savoir, moi, ce qui fait que tout bouge tout le temps. Ce qui fait pousser les fleurs, et pousse les nuages. Ce qui fait grandir mes bras, mes pieds, mes mains... C'est quoi ? C'est quelque chose sous la terre ?...

... Quelqu'un dans le ciel ?
Peut-être que c'est quelqu'un et qu'il m'entend... Si tu m'entends, moi je veux bien discuter avec toi. J'aimerais bien. Il faudrait que tu me fasses un petit signe. On pourrait...

— Psst !

— ... ?!...

— Je suis là, juste au-dessus de toi. Il te suffit de lever la tête...

... Je vois que tu es devenue une grande danseuse. Tu danses le Lac des Cygnes...
— Le Lac des Cygnes ?!... Mais... Mais qu'est-ce qui m'arrive ?
— Nous sommes dans ton rêve. Tu as fini par t'endormir.
— Ah... Je rêve... Dommage... Alors ce n'est pas vous qui faites pousser les arbres, et les bras et les pieds des gens ?...
— Quelle drôle de question ! Tu veux tout savoir, tout comprendre...

Tu es curieuse comme une chatte...
et tu m'as l'air un peu perdue.
Il est vrai que ce rêve est très
étrange. Tous ces changements...

... c'est très déboussolant.

— C'est pas déboussolant du tout ! Monsieur-je-sais-tout ! D'abord, ici, c'est mon rêve, alors vous, vous n'existez pas !... C'est juste que... j'aimerais bien savoir moi...

... C'est quoi qui fait pousser les arbres ?

... et qui fait tout grandir,
et toujours tout monter
vers le haut ?...

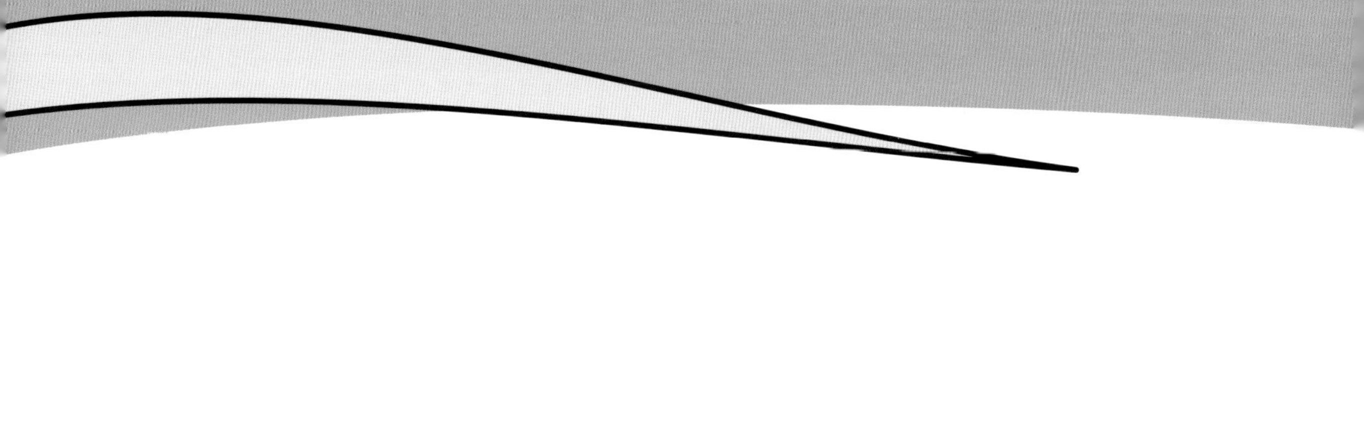

... eh ben moi je crois que personne le sait !
C'est comme un secret. C'est quelque chose
de très très mystérieux... Le début du
Monde, aussi. C'est mystérieux, mais ça, c'est
pas un secret. Tout le monde connaît ça...
Au début du Monde il n'y avait rien du tout.
Pas d'arbre, pas de montagne, pas de soleil,
pas de gens, pas de télévision... rien !

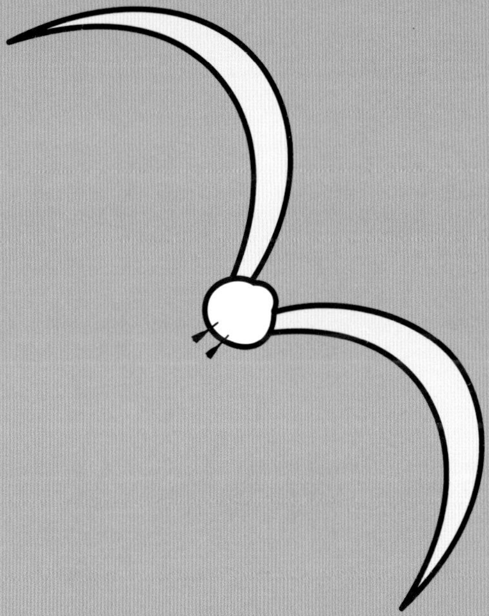

... rien du tout !

2

… et il se passait rien du tout ! (forcément)…

1

et puis, un jour...

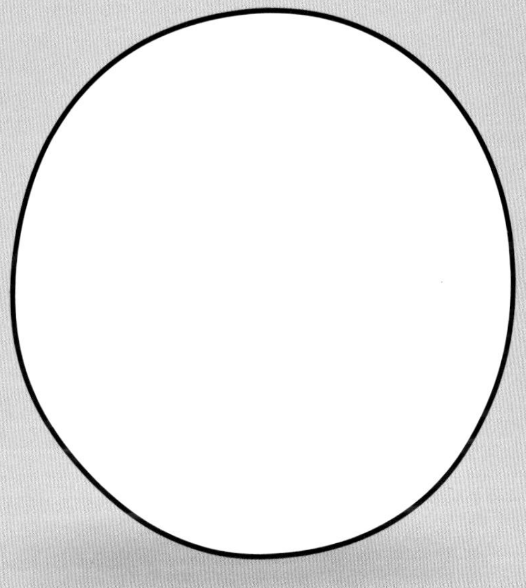

Crac !...
Tout a commencé d'un seul coup !...
Ça a fait une grosse explosion,
et puis tout s'est mis à pousser,
à grandir...

... à se transformer dans tous les sens
pendant des milliards et des milliards
d'années, et à force, c'est devenu les
soleils, les planètes, les montagnes, les
mers... et puis les arbres, les animaux...
et ça a continué encore, encore, encore
à se transformer... et un jour...

... c'est devenu Nous !...
C'est comme ça qu'on est arrivés.
Au début on était pas très malins
(et pas très beaux), mais grâce au
Progrès Scientifique, on a inventé les
allumettes et la brouette... Après, ça
allait beaucoup mieux. On est
devenus très forts et très intelligents.
Plus intelligents que tout le monde
sur la Terre ! Plus forts que tout !...
Alors forcément, on a fini par avoir...

... la grosse tête !
Et moi, je crois
bien que c'est à
cause de ça qu'on
a commencé à
faire des bêtises.

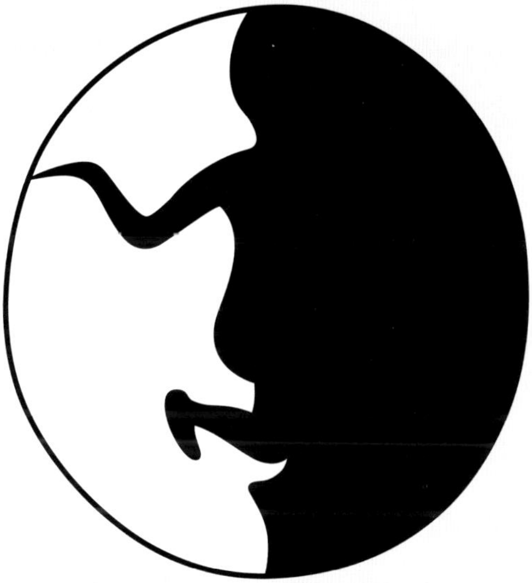

... des grosses bêtises.

... On a abîmé la Terre.
On a abîmé les ruisseaux,
la mer avec les poissons
dedans, l'air, les arbres... tout !
La Terre, comme elle est très,
très, très grosse, on croit
qu'elle est très forte...
mais en fait...

... elle est toute fragile.

Peut-être qu'elle est vivante comme
nous. Peut-être que tout est vivant ?...
Personne le sait, ça non plus.
Mais quand même, je crois que
ça s'peut pas...

... parce que la Terre, elle
peut pas avoir d'enfants !
Tout ce qui est vivant ça
a des enfants.

... Les fleurs, les arbres, les
animaux... ça a des enfants.
Pour faire des enfants,
c'est pas compliqué...

... il faut faire l'amour !
L'amour, c'est quelque chose
que le monsieur fait avec la
dame... quelque chose un
peu magique, je crois,
parce que après...

Miracle !!!
ça fait une nouvelle vie... un bébé !
C'est comme ça !... depuis toujours...
et c'est grâce à ça que le monde existe.
Au début on est un bébé, et puis on
devient un enfant, et puis après,
quand on est une grande personne,
nous aussi on fait des bébés, et puis
on continue de vieillir... pendant très
très longtemps. Nous, on peut vivre
plus de cent ans ! Tous les jours on
vieillit un petit peu... alors à force...

... Toutes les choses, toutes les
plantes, tous les animaux !
Y a rien qui vit pour toujours.
Et même quand on est mort,
on continue de changer. On se
mélange avec la terre, et on
devient de l'herbe, ou des
fleurs, ou des arbres...
On vit plus, mais c'est pas
vraiment fini, parce que...

fin

...
quand on est
mort, eh ben
on reste dans
les pensées de
ceux qui nous
aiment !...

C'est pas comme si on avait
jamais existé. Par exemple, moi,
mon papy, il est toujours un
peu avec moi. Parce que je
l'aimais beaucoup, mon papy

Ceux qui sont méchants, on voudrait bien les oublier.

Ceux qui pensent
qu'à tuer les gens et
tout écrabouiller,
personne pleure
quand ils sont morts.

... Des gens comme ça, ça existe !
Ils font beaucoup de mal.
Ils croient qu'ils sont très forts,
mais à la fin ils gagnent jamais...

... Jamais.

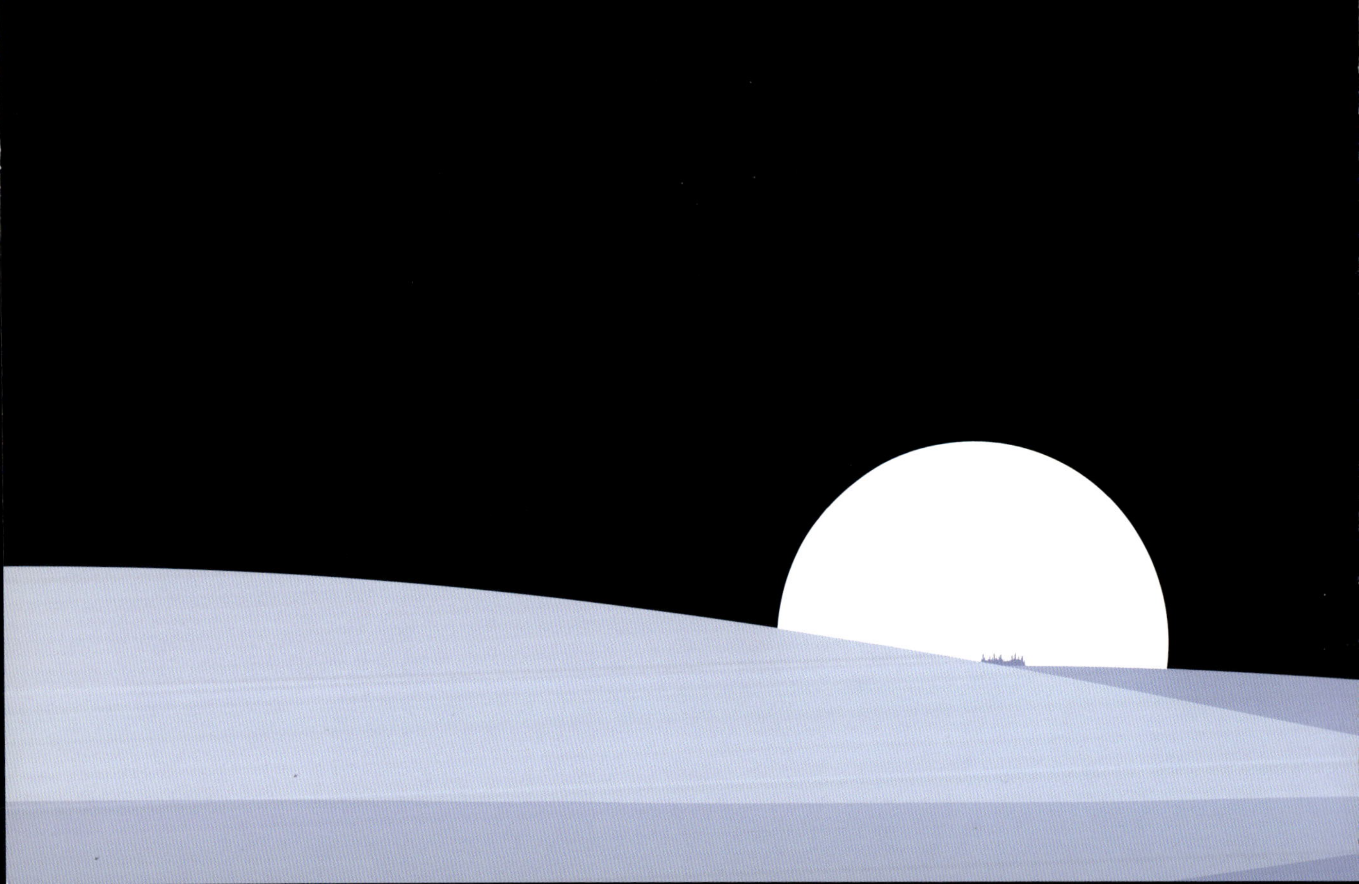

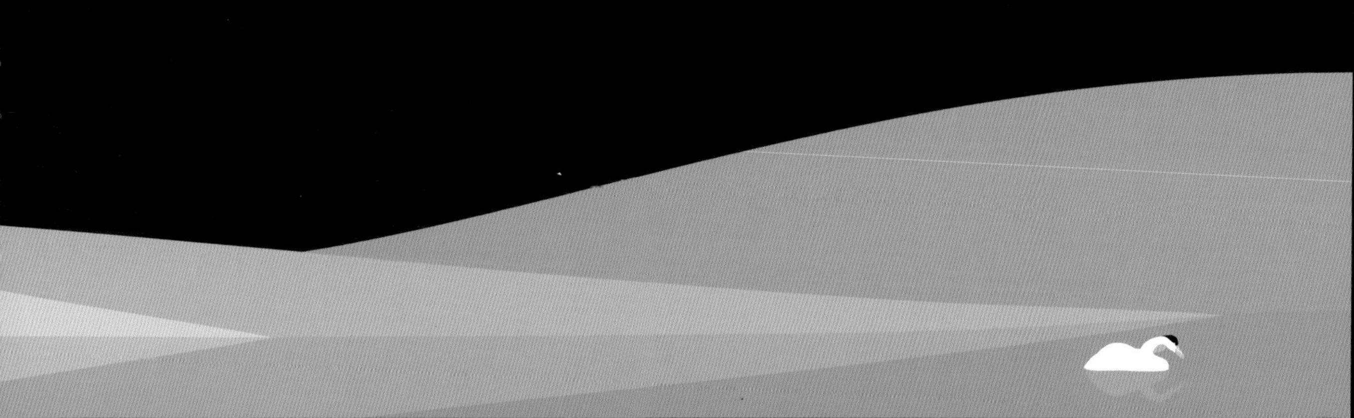